天上界より『天照』『如来』の称号を頂き、そして自らを『全ての光』と名乗ることも許されました。天上界の存在としてお伝えしたいことがあります。

　本書は「神が私たちに伝えたいこと」の改訂版として記しています。

世界にはいろいろな国、宗教があります。それぞれの国に神話があり、またそれぞれの宗教に神さまや仏さまがいらっしゃいます。

　これら神話の存在、神さまや仏さまについてはこれまで、それぞれ独自の世界が築かれていて、お互いに関わりがない、と考えられていました。

　実は違います。神さまや仏さまそのものにお会いすること自体、非常に難しいので、私たち天上界がどのようになっているかを明らかにすることも、非常に難しいのですが、はっきりとお伝えできることは、神話の存在、神さまや仏さまは、私たちが想う天国よりはるか上にいらっしゃって、皆、同じ高さにいる、ということです。

　そして、これまでは国が違う、宗教が違うと、神さまや仏さまは、互いに無関係で、もしかしたら意思疎通ができないために敵対している、と考えられ

てきました。

　実は違います。国が違う、宗教が違うとしても、それぞれいらっしゃる場所からお互いを感じていますし、後で記しますように、たった一つの願いを込めて、全ての命を見つめています。

　私たち天上界では、生まれ変わって新しい命となるべき、私たち無数の心（前世）を、常に見送っています。天上界ではこの生まれ変わりの流れに何か手を加えるということはほとんどありません。

　自然の道理というものがあり、私たち無数の心は自ずと生まれ変わる時期、場所、待ち受けている家族の元へ向かい、一つずつ新しい命となります。

　命は、生きているもの全てが持っています。ですから、森林や草花も命を持っています。

天上界では、生まれ変わった後の姿を垣間見るときがあります。

　その中には才能に恵まれて出世する命、偶然が重なり財を成す命、力の強いものに生まれ変わることができて群れの雄となる命もいらっしゃいます。

　その反対に、これといった才能を発揮できずに一生を終えてしまう命、多数の不幸が待ち受けている命、命を頂いてもすぐに食べられてしまう命もいらっしゃいます。

　だからと言って、天上界ではこのような命に対して、常に何らかの力を加えることはありません。

　ただ一つの願いを抱き、見守っています。「精一杯生きてください」。

　重大な場面では見えない力で守り、支え、導くこともあります。

どの天上界、国土神でも宗教神でも、私たちを想う願いはただ一つです。「この宗教を信じて欲しい」、「この国に生まれて欲しい」、「この道に進んで欲しい」、「このような生活をして欲しい」、あるいは「裕福になって欲しい」、「支配者になって欲しい」などとは決して、願っていません。

天上界の願いはただ一つです。

地上に、また水中に向かい、新しく命を頂いた私たちが、精一杯生きて欲しい、と。

そのためにはお互いの命を大事にして欲しい、と。

そのためにはお互いの心を支え合って欲しい、と。

そのためには自分自身の欲で周りの命を虐げ苦しめないで欲しい、と。

私たち天上界の者は全て、どのような命であろうと、精一杯生きられますよう、時には見えない力でそうっと守り、支え、そして導いております。

「天上界からの願い」はこのようにたった一つです。この意味、目的を全ての命がそれぞれ正しく理解することを神さまや仏さまは望んでいます。この願いに基づいて私たちの命それぞれが自ら行うことを、神さまや仏さまは望んでいます。そして私たちの命それぞれの行いの結果がこの願いに沿ったものになることを、神さまや仏さまは望んでいます。

　この「天上界からの願い」は、ある集まりの方々だけが理解し、行うことが望まれているのではありません。人間だけでなく、私たち全ての命が理解し、行うことを神さまや仏さまは望んでいます。

　後に記述しています「悟り」、「命、心の道理」、「向かい合い、ともに暮らす」、「お互いの命と心を大切にする」、「多くの心、命を救う」、「支え合う愛」、「良く生きる、正しく生きる」は、この願いの表れです。

命を守る、心を導く教えは「悟り」と言われています。悟りとは命、心の道理であり、高等数学を駆使した特別に難解な理論、方程式ではありません。どんなに小さな、また大きな生きとし生けるもの、全てに当てはまる道理を説いたものです。その中の一つである私たち人間も、何かの欲にとらわれることなく、少しだけ深く考えれば皆気付き、行えるものに他なりません。

　命を虐げれば憎しみが生まれ、命を奪えば呪いが生まれます。誰しもが抱く想いの道理を説明し、お互いの命と前に歩く心を大切にするよう教えていることが「悟り」であり、命、心の道理です。

命、心の道理はそれだけで意味をなすものではありません。道理を記した教本を覚えるだけでは、決して“道理に従った生き方”をしているとは言えませんし、神さまや仏さまも認めないでしょう。

　私たちが日々生きていく中で、それぞれの立場でそれら道理に従って想い、行うことこそが命、心の道理に従った生き方となるでしょう。日々の生活の中で生じる問題、課題に向かい合い、そこで活かすことが道理に従った生き方となります。

　道理は、教本に記されているからと言って盲目的になるものではなく、また教義として振りかざすものでもありません。時には教本、教義にではなく、道理そのものに問いかけることで、どのような意味があるのかを常に確かめることが必要になります。疑うことも道理の真実を探るために必要です。

私たちの周りにはそのような道理を記した教本、教えを説く書物がたくさんあります。それらには、たくさんのことが記されていて、教えを説いた方々が生きていた頃の生活様式、土着の風習、また当時の人の考え方が含まれている場合があります。

　ですが、生活や風習の描写は本当に『教え』なのでしょうか。前にも記しましたように、天上界では「このような生活をして欲しい」などとは願っていません。

　そこに描写されている生活様式、風習、考え方を実践された方が一方的に苦しい思いをする、本当のことと異なることを唱えて周囲を惑わす、逆に、教えの中に記されていないことを実践して、"教えに反する"と非難され、同じように一方的に苦しい思いをする、本当のことと異なることを唱えて周囲を惑わす、今の世界ではこのようなことが起きています。

どの天上界でも、このような理由のために命が虐げられ苦しむことを、心配し嘆いています。

　私たち天上界はどのような理由でも、命が虐げられることを許してはいません。

私たちだけでなく草木も含めて、全ての生きとし生けるものは、天から等しく一つずつの命を授かっています。天から分け隔てのない命を授けられています。そして等しく命の道理、心の道理に基づいて生きています。

　ところが私たちは私たちと他の動物、また私たちが好む動物と好まない動物、私たちが好む植物と好まない植物に区別し、多くの場面で異なった扱いをしています。

　決して一方が他方を、あるいはある集まりが別な集まりを虐げたり、いたずらに命を奪ったりしてよいのではありません。

　命は全て等しく授けられています。虐げたり、いたずらに命を奪ったりしてしまったならば、その報いが必ず私たち自身に返ってきます。

私たちは自分自身を振り返るとき、昨日まで想い行っていたこと、ほんの少し前まで想い行っていたことを否定されることを恐れます。それらを自ら否定し省みることも少なからず恐れることでしょう。

　ですが私たちが浅い、時には深い欲望のため、あるいは昨日まで、ほんの少し前までの生きてきたやり方のために、私たちは気付かないうちに命、心の道理に反する想い、行いをしてしまいがちです。

　それらが否定されたとき、「生まれてから昨日までずっとやってきたのだから、何が悪いのか」、「みんながやっているのだから、何が悪いのか」と考えてしまうことでしょう。

　ですから、私たちは常に自分自身を省みて、命、心の道理に従って想いや行いを正す必要があります。

小さな動物たち、小さな虫たち、小さな草花、その反対に私たちを取って食べることができる凶暴な動物などに向かい合い、お互いに命を守り、ともに暮らすことが大切なのではないでしょうか。

「向かい合い、ともに暮らす」ということは、彼らを常に私たちのそばに居させて、私たちが面倒を見るということではありません。彼らの生きる場所を尊重しながら、侵さないよう見守り続けることです。

　私たちが苦手に思う、あるいは恐ろしく思う生きもの、草花、木々に対しては、彼らが不安を抱くことがないよう、彼らが生きている場所を脅かすことなく、彼らの生活を大切にするということです。

　私たちにとってどんなに凶暴な動物であろうとも、彼らは私たちの武器、機械、そして社会を恐れています。そのため彼らが、彼らの地で無事に生きること大切にしなければなりません。

命を守ること、その命が健やかに育ち天寿を全うすること、そして全ての心が天に帰り、次の命となるための準備をすることは命、心の道理の一つです。

　このとき私たちは、人間の命だけが大切なのではない、ということを深く心に刻む必要があるでしょう。生きとし生けるもの、たとえ小さな虫であっても天から命をもらい、命を育んでいるのです。

　全ての生きとし生けるものの命を大切にすることは私たちも含め、全ての生きとし生けるものの使命と言えます。

　欲にとらわれていない命との出会いは天からの預かりものであり、彼らが健やかに育ち無事に天寿を全うし天に帰れるよう守り導くことは、私たちの責務です。

私たちが「命は大切です」という言葉を用いるとき、必ず「人間の命だけが大切なのではない」ということを思い出す必要があります。私たちが食べている命、何らかの理由で処分している命も決して食べられるため、処分されるために生まれてきたのではないからです。

　私たちは常に、自分が向かい合っている命の立場を自分の立場とし、想い、そして行う必要があります。私たちが彼らの命を奪うとき、食べられる命、処分される命はどのような想いを抱いて奪われるのかを考えなければなりません。そしてその想いを自分に返してみなければなりません。

　私たちが命を奪うならば、その行いはいつか私たちに返ってきます。命とは、決してお互いに虐げたり、いたずらに奪ったりしてよいものではないのです。

お互いの命と心を大切にしながら、私たちはどのように生きればよいのでしょうか。私たちが何かを想い、何かを行うとき、その過程と生じる結果が「お互いの命が守られ、心が前を向いて歩みを進められる」のであれば、最も良い生き方と言えるでしょう。

　その最良の道を今は選ぶことができず、どうしても他の道を選ばなければならないとしても、何とかしてその道にたどり着けるよう、行いを進める中で常に努める必要があります。

　行いの過程と結果は、それを始める前はまだ目の前に現れていませんので、想い描くことは難しいでしょう。そのため、行う前には決して盲目的、独善的にならないで多くの意見を伺い、小さな命の姿を確かめながら慎重に始め、常に最良の道にたどり着けるよう努めることが大切です。

何とかして多くの心、命を救おうとすることは大切なことです。苦しんでいる心、悩んでいる心には話を聞いてあげて、寂しがっている心、どうしてよいか分からない心にはそばに座ってあげられるよう、努めることは大切なことです。

　私たちの命、心だけでなく、私たち以外の生きとし生けるものの命、心を救おうと努めることは大切なことです。できる限り手を差し伸べて、人間だけでなく全ての命が天寿を全うし、心が健やかに育つよう支えてあげることは大切なことです。

　このように支え合うことは「支え合う愛」と言えるでしょう。お互いの心を支え合うこと、お互いの成長を支え合うこと、お互いに偽りのない努力をすること、決してどちらかが甘え頼ってしまうのではなく、できないけれども少しでも行うよう努力することは大切なことです。

お互いが「支え合う愛」を行い、偽りのない努力をして励まし合い、前を向いて歩みを進められるようになることは大切なことです。

　私たちだけでなく全ての生きとし生けるものは、親が子を育て、子が親の心の中の「命をつなぐことの大切さ」を育てます。やがて子は独りで歩みを進めることができるようになり、親も自分の子にそれぞれの道を歩ませる時が来ます。

　そして大きくなった子もまたいつか新しく親となり、自分の中にあるその「大切さ」を育ててもらい、自分の子にそれぞれの道を歩ませる時が来るでしょう。

　私たちの「支え合う愛」は、いつしか「自らの力で歩ませる愛」に変わっていくことでしょう。私たちは愛をつなげて、命をつないでいます。

学ぶことや体を動かすことなどの良いこと、決して悪いことではないことに対して、「自分はできない、無理だ」と思い込まず、まずは行ってみることが大切です。

　これは年齢、経験に関係ありません。年齢を理由にして「年なのだから、何かの試験を受けるわけでもないのだからから行う必要がない」、「そんなこと、やってどうするの」と否定する必要はありません。経験がないことを理由にして「そんなことできるはずがない」と否定する必要はありません。

　昨日よりも今日、今日よりも明日、何かができるようになるよう努めることは、「前を向いて歩みを進める」ために大切なことです。たとえ明日が天寿を全うする日であっても、最後の時まで努力することは非常に大切なことです。

"生きる"ために努力することを恐れる必要はありません。努力を惜しむことなく、様々なことに取り組むことは大切なことです。大変だと思っていること、苦痛や苦労を感じるのではないかと心配していることでも、自らの成長のために努力して取り組み、恐れに打ち勝つことは非常に大切なことです。

努力する姿を見せることを恐れる必要はありません。努力を軽く見る人、努力を怠る人はその姿を"醜い"とあざ笑い、努力している人、必死に生きている人の行いを妨げようと試みることでしょう。彼らは自分の愚かさを隠したいために妨げているのです。

自分の心を偽らずに努力した結果は必ず実を結びます。簡単なやり方、効率の良いやり方などは最初から頼りにせず、たとえ遠くへ回り道をしたとしても努力して結果を出すことは大切なことです。

私たちが「良く生きる」、「正しく生きる」ということは、裕福になることでも、あるいは貧しいままで一生を終えるということでもありません。時には休息することがあっても、何かに励み、精一杯努力をすること、そして出会う命を守り大事にして、彼らの心と支え合って、皆、前を向いて歩みを進められるようにすることが「良く生きる」、「正しく生きる」ことに他ならないでしょう。

　そのためには日々機会あるごとに、たとえ1ページ、1行でも何かを学び、また一分一秒でも体を動かすことは大切なことです。努力を積み上げることこそ、「良く生きる」、「正しく生きる」ことにつながります。

金銭、技術で富める者は決して自らに思い上がることなく、それらの貧しき者を教え導き、恵みを施すべきではないでしょうか。

　貧しき者による問いかけは、富める者に新たな知識と知恵を与え、お互いに前へ進むことができるようになるでしょう。

　貧しき者も謙虚に向かい合い、偽りなく努力をし、精一杯生きようとすることが大切です。努力を積み上げていくことが大切なのです。

　貧しき者というのは、私たち人間だけでなく生きとし生けるもの全てと考えるべきでしょう。金銭で富める者は、生きる場所を奪われた彼らにその地と食べるものを与え、明日に命がつながることを願うべきではないでしょうか。これは命に対する施しに他なりません。

私たちは多くの場面で欲にとらわれています。どのように欲にとらわれているのか、常に理解することが必要と言えます。私たちはいつの間にか、欲が湧き出てくる泉に深く深く潜り込んでしまい、そこから浮き上がれなくなってしまっているからです。やはり自分自身の心を自らで調べ理解することは、大変難しいことかもしれません。

　私たちが求めているものを他者に与えてみることにより、自分が何をどれほどまでに求めていたのかが理解できるようになるでしょう。自らが求めていたものの姿、形がどのようなものであったのか、そしてどれほど自分が深く欲にとらわれていたのかが分かってくるでしょう。

　彼の欲の深さは自分の深さとは違う、と決して思ってはいけません。彼は私たち自らの姿を正しく映し出しているのです。

私たちは生きている全ての場面において、何らかの形で他の存在の恩恵を受けています。「私は独りで生きている」と自負している人でさえ、その人に仕事を与えている人、その人が毎日生きるために口にしている食べ物を提供している人、さらにはその人が食べているそのものの存在、これらがあって初めてその人は生きています。

　仕事を与えている人も、私たちに仕事をやってもらっていることを忘れてはいけません。全ての仕事を自分一人で行えるわけではないからです。

　このように、私たちは気付かないけれども様々な場面で自分以外の人、存在の恩恵を受けています。このような人、存在がなければ私たちは生きていくことはできません。私たちはお互いに「やって頂いている」という感謝の気持ちを抱いて他者に接しなければなりません。

私たちは生きていくとき、自分の親も含めて、自分以外の多くの人、多くの存在の恩恵を受けています。私たちは彼らに感謝しながら生きなければなりません。

　もし彼らが私たちの心、命を虐げようと試みるのならば、また、支え合い、ともに様々な苦難に立ち向かおうとするのではなく、自分の利益のために私たちを利用しようと試みるのであれば、私たちは彼らから離れるべきでしょう。彼らには、いつか自らの想いと行いが返ってくるはずです。

　そして私たちは、恩恵を受けている存在に対して、自らの欲に駆られて必要以上にそれら存在の命を奪ってはいけません。それら存在は私たちと同じく、天から等しく一つずつの命を授かっているのです。決していたずらに命を奪ってよいものではありません。

私たちが何かを伝えようとするとき、言葉は非常に重要です。と同時に、言葉は私たちの心を非常に惑わしやすいものであることを忘れてはいけません。

　私たちは何かを伝えたいと思ったとき、その真実の姿を正しく表すことは稀であり、伝えたい目的によって、私たちの欲や偽ろうとする心が織り込まれてしまいます。たった一つの真実でも、欲や偽ろうとする心により、異なって表されてしまいます。

　その真実の姿を確かめようと自ら努めない限り、私たちはどのような言葉にも惑わされてはいけません。たとえそれが"全ての真理"だと誰かがささやいた言葉であっても、必ず真実の姿を確かめようと努めなければなりません。言葉は、魅惑的に聞こえれば聞こえるほど、真実の姿から遠ざかっているかもしれない、ということを決して忘れてはいけないでしょう。

私たちは幼い頃、道端の小さな花、虫たち、そしてきれいな夕日に気付いていました。その頃は自分の背丈までが、自分の世界の全てでした。

　私たちが成長し体が大きくなり、様々な情報をたやすく手に入れられるようになると、いつの間にか身の回りの小さな変化に気付かなくなってしまいました。毎日同じように見えている朝日でも少しずつ表情を変えていて、道端に咲く花も移り変わっています。神の素描と言えるほどの見事な夕焼けは、二日と同じものはありません。私たちはいつの間にかこれらに気付かなくなってしまっています。

　これらは私たちの欲望を満たしてくれるものではありません。ですが私たちが少しずつ移り変わっている世界の中で生きていること、私たち自身や生きとし生けるもの全てが少しずつ移り変わっていることを教えています。

私たちだけでなく小さな虫、動けない草木、全ての命、全ての心がお互いに学び合えますように。

　学び合うことで自分自身を見つめ直し、自らの想いと行いを正すことができますように。学び合い、想いと行いを正し、そして支え合って、困難や苦難をみんなで乗り越えられますように。みんなが歩みを進めることができますように。

　命を頂いた方々、どうか、お互いの命を大事にしてください。お互いの心を支え合ってください。自分自身の欲で周りの命を虐げ苦しめないで欲しい。そして、精一杯生きてください。天上界の方々の姿は見えませんが、皆さまを常にそうっと守り、支え、そして導いております。

釈迦如来様の生まれ変わり、そして
新しい神仏『天照如来』『全ての光』となった者
として、心の道理、命の道理をお伝え致します。

著者

著書

『私たちの日本を良くする提案』（日本図書刊行会　2001年12月）

『緊急課題　景気回復　〜政策の視点を変えよ〜』

（日本図書刊行会　2003年9月）

『「反自民・親民主」からの脱却　誰も書けなかった日本政治改革論』

（文芸社　2004年5月）

『緊急告発！　この国ではあなたの個人情報は守られていない』

（文芸社　2006年8月）

『原点回帰の年金制度抜本改革　所得税制改革を伴う大改正』

（文芸社　2009年8月）

『日本、国家財政破綻の現実　国債は元々、返済不能の仕組みだった！？』

（文芸社　2011年9月）

『日本の地方分権、最終稿』（文芸社　2012年10月）

『神が私たちに伝えたいこと』（文芸社　2014年6月）

著者プロフィール

兼村 栄作
〜天上界の称号 天照如来〜

（かねむら えいさく てんじょうかいのしょうごう あまてらすにょらい）

政策研究者

1967年3月　千葉県生まれ
1985年3月　千葉県県立千葉高等学校卒業
1989年3月　慶應義塾大学理工学部中退
1993年3月　京都大学理学部卒業
　民間会社（製造業）に勤務の傍ら、各種政策提案書を出版し、政策研究者として活動。
天上界より『天照』『如来』の称号を頂き、そして自らを『全ての光』と名乗ることも許されました。

神仏、天上界からの願い

2022年11月15日　初版第1刷発行

著　者　兼村 栄作〜天上界の称号 天照如来〜
発行者　瓜谷 綱延
発行所　株式会社文芸社
　　　　〒160-0022　東京都新宿区新宿1−10−1
　　　　　　　　　電話 03-5369-3060（代表）
　　　　　　　　　　　　03-5369-2299（販売）

印刷所　株式会社平河工業社